AF346374

LE GRAND CHEMIN
DV
IANSENISME
AV
CALVINISME,

enseigné par le sieur

IEAN DE LABADIE,

cy-deuant Prestre, Predicateur, &

Chanoine d'Amiens.

Tant dans sa Declaration, que dans la Let-
tre à ses Amis, qu'il a fait imprimer à
Montauban en suite de son Apostasie.

SECONDE EDITION.

Augmentée des Eloges que les Iansenistes
ont donné audit de Labadie,

A PARIS,

M. DC. LI.

ADVIS AV LECTEVR.

LA Declaration de Labadie imprimée in octa-
uo contient plus de trois cents pages, & la Lettre
du mesme à ses Amis prés de deux cents, desquel-
les nous auons tiré fidellement quelques Extraicts, pour
faire voir, que l'esprit & la doctrine des Docteurs de Sor-
bonne, & autres Docteurs Scholastiques, tant Seculiers
que Reguliers, est conforme en tout à l'esprit & à la doctrine de la saincte Eglise Catholique, Apostolique &
Romaine. Et qu'au contraire l'esprit & la doctrine des
Iansenistes & des Saneyranistes, est tout à fait conforme
à l'esprit & à la doctrine des Caluinistes, que tost ou tard
le Iansenisme conduit au Caluinisme, & que le Port
Royal, s'il persiste dans les sentimens de ses Directeurs,
est plus proche de Charanton & de Geneue, que de Rome
& de Nostre-Dame de Paris.

Les susdites Lettre & Declaration de Labadie, ont
esté veües & leües par plusieurs personnes dignes de foy,
& sont imprimées à Montauban, par Philippe Braco-
nier, Imprimeur de l'Academie, & Marchand Libraire.
1650. & 1651.

LETTRE DE
JEAN DE LABADIE,
à ses Amis de la Communion Romaine, c'est à dire, aux Iansenistes & Arnaldistes, touchant sa Declaration.

MEs tres-chers & bien-aymez en Dieu Pere Fils, & sainct Esprit.

Me doutant bien que la lecture de la Declaration, que i'ay faite de ma separation de la Communion Romaine, & que i'ay publiée le premier iour de la presente année 1651. & mesme la simple veuë de son Titre, est pour vous causer de l'estonnement; i'ay creu la deuoir faire suiure de cette Lettre, capable de rabatre dans vos esprits tout ce qui s'y pourroit esleuer contre la raison, &c.

Depuis la page 32. iusques à la page 42.

Ie vous prie prenez garde & faites serieuse reflexion sur tous ces personnages, pour lesquels vous voyez qu'il faut en ce temps faire tant d'Apologies (*il entend parler du sieur Abbé de sainct Cyran, du P. Seguenot, de M. Arnaud, de Laurens de Troye, & de Rodolphe d'Abbeville, Religieux Renegats, & autres illuminez*) pour les defendre de ceux qui les accusent d'auoir creu & de croire par exemple: *Que le Concile de Trente n'est pas vn vray, legitime, & œcumenique Concile. Qu'il faut pour l'absolution & remission, & pour vne vraye penitence, ou repentance sincere; vne contrition, ou repentance prouenante d'amour filial, &*

non de crainte seruile. *Que l'absolution Sacerd tale des pechez, n'est qu'vne declaration de leur remission, Dieu seul les pouuant absoudre. Que la loy de l'esprit, est la loy de l'Euangile, & la princ pale de toutes. Qu'on a des marques asseurées de l'eslection & du salut, & que le saint Esprit est dans vn cœur. Qu'il ne faut point de liens des vœux, à qui est lié par la charité,* & semblables autres maximes, lesquelles Dieu fait semer & receuoir en nos iours par plusieurs de la Communion Romaine ; Faites, dis-je, reflexion sur tous ces hommes, & vous verrez qu'en tout cela, ils parlent coheremment aux plus forts, & plus solides principes de l'Eglise Reformée ; & que quant à l'interieur, & à la foy, ils sont bien plus de sa communion, que de la Romaine, & ont proprement le cœur de l'vne & dans l'vne, n'ayant que le corps dans l'autre.

I'espere de vous faire voir en son temps vn ouurage qui vous conuaincra, & auec vous plusieurs autres, dispersez çà & là en diuers corps & societez, que vous estes en effet en foy, & en esprit, plus *Reformez*, que *Romains* ; & que vous auez plus de communion interieure, à ceux ausquels vous n'en auez point d'exterieure, qu'à ceux auec lesquels vous taschez d'en auoir vne apparente au dehors, n'en ayant point de veritable au dedans. C'est à vous de voir, si cela estant, vous auez dispense de la part de Dieu, de dissimuler sa foy, & de tenir sa verité prisonniere : & si l'interest, ou la honte, ne vous font point auoir peur, de perdre du bien, ou du credit, & rougir deuant le môde, de l'Euangile de Dieu?

Ce propos m'engage à vous donner vn dixiesme aduis, & vous prier de faire cette reflexiô importâte, & pour ma iustification, & pour vostre bien. C'est

sur ce qui se passe depuis quelque temps au milieu
de l'Eglise Romaine mesme, en laquelle Dieu a per-
mis, que la veritable doctrine de la Predestination,
& de la Grace, estant tirée des tenebres, où le men-
songe l'auoit tout à fait enseuelie, a ietté vn tel éclat,
& a fait vn si fort party, que la puissance mesme
Romaine ne le peut deffaire. Puis que desià il est si
grand qu'il a vn grand nom, & s'appelle le *Iansenisme*, ie peux bien vous le nommer, & vous faire
mesme remarquer, que sous luy, plusieurs autres
tres-conformes à l'Eglise Reformée, sont couuerts
du sien.

Sur quoy vous sçaurez, s'il vous plaist, que cette
doctrine, & son regne, est proprement le regne de la
doctrine de l'Eglise Reformée dans la Romaine, car
la Reformée n'en connoist, & professe point d'égale
à elle, & de plus essentielle à la foy, & au salut, &
pour le dire ainsi, qui soit plus son centre, & son ame.
Voilà pourquoy elle ne croit pas, que la doctrine
mesme sur laquelle on se debat, qui est celle de la
Transsubstantiation, & celles des autres articles,
soient considerables à l'égal de celuy-là, ny vn
point essentiel à la diuiser de Rome C'est pourquoy
en effet celuy de la predestination & de la grace, fait
les deux tiers de ses articles de foy, & est mesme la
chaisne & le fondement de tous les autres, à la re-
serue de peu; & celuy lequel estant vne fois receu,
oblige facilement à receuoir tous les autres.

En effet, la doctrine de la predestination, & de la
grace presupposée, telle que *Iansenius* l'explique, &
qu'il la fait voir estre seule l'orthodoxe, & la veritable; est la pure & entiere doctrine de *l'Eglise Reformée*, & quelque effort qu'on fasse d'y apporter, &

d'autres; mais le mal eſt, que comme il y a des hypocrites de cœur qui paroiſſent ceux qu'ils ne ſont pas;
il y en a d'entendement, qui ne paroiſſent pas auſſi
eſtre touſiours ceux qu'ils ſont.

Ie ne les veux pas blaſmer, mais croyez que ſi vous
inſtruiſant vn peu au vray, de tous les articles de la
Religion Reformée, vous examinez ſelon elle tous
ceux que vous eſtimez les plus vrais ſaints, & vrais
ſçauans de l'Egliſe Romaine ; vous trouuerez qu'ils
ſont tous; ou tout à fait, ou en partie, & partie meſ-
me tres-notable des ſentimens de la Reformée; que
la crainte ou la foibleſſe les retient, que les conſide-
rations humaines les dominent, & qu'ils ont tous,
ou trop de honte de Ieſus-Chriſt, ou trop peu d'a-
mour pour luy.

Priez, deſintereſſez-vous, ſoyez humbles & do-
ciles, & ne reſiſtez pas à la lumiere, ſi elle vous eſt
preſentée. Si vous ne la rebutez pas, i'oſe dire, que
cóme Dieu me donne quelque ardeur pour vous ay-
der, il me fournit auſſi quelque lumiere pour vous
eſclairer. Dónez-moy le loiſir, s'il vous plaiſt, de prédre du trauail pour vous, & ie vous en eſpargneray,
ſur tout ſi vous me faites voir, par le fruiƈt que vous
en pourrez tirer, qu'il ne vous eſt pas inutile, & ſi par
voſtre bonté à le receuoir, vous m'encouragez à le
prendre. I'eſpere vous produire auec le tẽps des pie-
ces, qui vous feront voir, que nous ne ſommes pas
ſi ſeparez, que vous croyez; & que ſi nous ſommes
veritablement arriuez au Royaume de Dieu, vous
vous deuez conſoler, d'en eſtre aſſez proches.

Il eſt vray, que pour y venir, vous auez vn pas à
faire, lequel ie ne ſçây, ſi vous aurez le courage de
franchir. C'eſt en vous deſabuſant de la mauuaiſe

idée, que vous auez de la Religion Reformée, de vous défaire de la bonne, que vous auez de la Romaine, de laquelle vous estes en verité, aussi dangerement abusez, qu'iniustement preuenus.

Quand je considere l'estat de plusieurs de vous, assez éclairez des principales veritez, & que je regarde la raison, qui vous tient encore dans la communion de l'erreur, je trouue, que la principale est cette chaisne Romaine, qui tient tousiours vos esprits, aussi bien que vos corps aux fers, &c.

EXTRAICTS DE LA DECLARATION de Iean de Labadie, cy-deuant Prestre, predicateur, & Chanoine d'Amiens.

PAge trente-cinq. Le Corps de l'Eglise Romaine est composé d'vn Chef si prodigieux en grosseur & en grandeur, qu'il se dit couurir tout l'Vniuers, & estre mesme au dessus de luy: & de Pontifes, de Princes des Prestres, de Sacrificateurs, de Scribes, & d'vn nombre infiny d'autres personnes, dont l'esprit a visiblement pour ses qualitez & ses differences, l'orgueil, l'auarice, la fraude, la fausse doctrine, la fausse auctorité, & la fausse pieté, &c.

Page 67. Dieu voulust qu'il arriua que quelques-vns de mes écrits ayant esté veus de ceux en la Société desquels ie viuois, & estant rigoureusement examinez selon les maximes de leur science, y furent trouuez si peu conformes, qu'ils les censurerent de Caluinisme; & en suite, me regarderent, comme vn homme d'vn esprit étranger au leur, & contraire à ceux de leur conduite & de leur Societé.

Page 68. De ce soupçon vint la plainre genera-
le, que i'en suiuois vn particulier, & méprisois le
commun. En effet ie connus cet esprit commun,
soit du corps Romain, soit du corps Regulier (deux
corps qui n'ont qu'vn mesme esprit) si erroné & si
corrompu, & en sa foy, & en sa loy, & en ses maximes, & en ses pratiques, que ie ne peûs ny approu-
uer celuy de l'Euangile sans condamner le sien, ny
suiure l'vn sans quitter l'autre : voyant donc leurs
erreurs & leurs égaremens, ie m'en détournay, &
quoy que ie semblasse marcher de corps auec eux,
ie tâchay toufiours de suiure d'esprit vn autre che-
min que le leur.

Page 70. Ie ne sceus non plus interieurement
aduoüer d'autre regle, que l'Euangile, ny d'autres
constitutions, que ses maximes. Ie ne creûs point
d'estre plus parfait, que celuy d'vn vray Chrestien,
ny de Religion à fond, que celle que IESVS CHRIST,
à établie. Ie connus que les Ordres, qu'on appelle
Reguliers, estoient des ordres plus politiques, que
Chrestiens. Ie ne m'arrestay pas beaucoup à leurs
façons & ceremonies, qui ne paroissent gueres ja-
mais, que Payennes, ou que Iuïfves.

Page 71. Ayant éprouué que l'esprit de la Societé, dans laquelle ie viuois, & celuy que Dieu m'a-
uoit donné, n'estoient pas conformes, &c.

Page 72. Ie vis dans cette Theologie Romaine
tant d'abus, que ie plaignis bien fort le temps, &
que les Maistres y perdent, & qu'ils y font perdre
à leurs écoliers, &c.

Page 83. Dieu me fit la grace de ne me presenter
iamais aux actions, qu'il faut faire pour estre pro-

meu aux Ordres, que touché extraordinairement
de luy, attiré par le Pere, receu du Fils, & meu,
conduit, & consolé du sainct Esprit : Mais sur tout
le iour qu'vn Personnage d'illustre memoire, & de-
sabusé de beaucoup d'erreurs (*c'est defunct M. de
Marini Euesque de Bazas*) decedé hors du lieu de
son Episcopat (*à Tholose, l'an 1645.*) en odeur de
pieté, aussi bien qu'éclairé de la verité, m'imposa
les mains, &c.

Page 91 Lisant les Prophetes & les corruptions,
dont ils accusent Ierusalem, ie ne peux point dissimuler, que Dieu me fist voir, qu'ils pouuoient estre
fort bien pris pour des gens, qui parloient à l'Eglise
Romaine sous ce nom, & leurs persecutiós mesmes
m'ouurirent les yeux, pour remarquer, que l'vne
traitoit encor ses Prophetes, côme l'autre auoit fait
les siens. Les emprisonnemens de Messieurs Laurens de Troyes (*c'estoit vn Capucin Renegat, qui auoit
esté sententié au chapitre Prouincial, comme Heresi-
arque,*) & de ses amis, de Seguenot, & de Messire
Iean du Verger defunct Abbé de S. Ciran, & de plusieurs autres seruiteurs de Dieu (arriuez en France
en ce téps là, auquel l'Eglise & le Cloistre faisoient
mettre par tout les Saints en prison) m'en firent
voir, non seulement la theorie, mais la pratique.

P. 131. Ie fus engagé d'entrer dans la Picardie
par la porte que Dieu m'y ouurist, & d'y aller semer la verité de l'Euangile dans le Diocese d'A-
miens, dont Dieu voulut que l'Euesque m'offrit à
cultiuer le champ. M'estant venu ouyr vn iour, &
Dieu l'ayant suscité, ainsi que ie descendois d'vne
chaire, à me venir presenter la sienne, ie fus obli-
gé de l'accepter, & d'aller à quelques iours de la

remplir l'Aduent & le Caresme dans sa Cathedrale.

P. 134. On commença (à *Amiens*) à porter dans les Eglises le Nouueau Testament au lieu d'Heures, & chacun prist vn infiny plaisir à l'entendre parler en sa langue : On prist la Religion ponr autre chose, que pour vn culte exterieur & idolatre., & la deuotion ne fut plus mise en Confrairies & en Chapelets.

P 135. Ie me proposay de destruire deux principales erreurs : L'vne fut l'hypocrisie & la superstition; l'autre la propre iustification & l'appuy sur les merites, la confiance sur le Franc-Arbitre, & sur ses actes, aussi bien que sur ses pouuoirs. L'vn de ces suiets m'obligea à descouurir beaucoup d'abus touchant les Vœux & les Prieres, le culte des Saints, des Images, & des reliques, l'estat des Cloistres & Monasteres, la confiance aux Indulgences, aux suffrages & aux merites, &c.

P. 137. L'erreur, qui veut faire passer les hommes pour non necessitez à pecher, lors qu'ils le sont à conuoiter, & qui les fait croire libres sous l'erreur & sous le peché, deuant que la Grace & la verité les ait affranchis. Celle qui aneantit le merite de la Croix de IESVS, & euacuë la valeur de ses sonffrances en les appliquant aux reprouuez, l'establissant le Sauueur & Redempteur des hommes perdus aussi bien que des sauuez, &c.

Il debite le Iansenisme depuis la page 138, en plusieurs maximes heretiques, qu'il prescha à Amiens, iusques à la page 177.

P. 194. M. de Noyers Secretaire d'Estat ne faisant que redire que i'estois *vn autre Caluin*, & que ie meritois vn traitement pareil, &c.

P. 205. Le mesme Cardinal(*de Richelieu*) voyant le grand cours que ces verirez commencerent heureusement d'auoir en France,& combien la créance s'en estoit espanduë, comme vn sacré feu par tout (l'excellent liure de Monsieur *Iansenius* ayant vne vogue extraordinaire,& plusieurs tãt Docteurs que Predicateurs se declarans pour le soustien de sa doctrine) ou apprehendant quelque trouble , ou ne souffrant pas volontiers,qu'vn homme qui auoit escrit en quelque façon contre luy sous vn bien autre nom, que celuy d'vn Saint [c'est le liure intitulé *Mars Gallicus*) fut si fort suiuy ; ou en fin poussé des ressorts de Rome,& du zele d'en suiure & maintenir les sentimens (fut tenu non seulement n'auoit pas d'affection pour cette doctrine, &c.

Le reste n'est qu'vn recueil de Maximes Iansenistiques & Huguenottes, qu'il explique auec vn beau langage, semblable à celuy de Messieurs du Port-Royal ses bons amys,& de ces petits Reformez , qui sous vne belle apparence exterieure, & des paroles sucrées, cachent dans leur cœur le venim de Caluin,& le font couler dans les oreilles de leurs Auditeurs & Confidens, en attendant le temps fauorable de suiure â descouuert & sans feintise l'exemple deplorable du susdit Labadie.

Extraict d'vne Lettre escrite de Bazas par vn Ecclesiastique le cinquiesme de Ianuier 1651. à vn Prestre de sainct Sulpice.

L E sieur de Labardie natif de Bourg près Bourdeaux,estant sorty des Iesuistes,alla à Paris , & delà à Amins , où il dogmatiza. Ce qni fit tant de

bruit, qu'il fust chassé de ladite ville, & donné par
Monseigneur l'Euesque dudit lieu à feu Monseigneur de Bazas, qui le ptist en sa maison, tant pour
prescher le Caresme, que pour faire faire les exerci-
ces à ses Curez & Vicaires qu'il appelloit pour cét
effet chez luy Il n'y fut pas si tost, qu'il y debita sa
marchandise. Ce qui donna subjet au Presidial &
Bourgeois de cette ville de Bazas de faire des infor-
mations, qu'ils porterent au Parlement de Bourdeaux, lequel donna Arrest contre luy auec vn de-
cret de prise de corps à la confusion de feu mondit
Seigneur de Bazas, qui fut contraint par ce procedé
de le chasser de nuict de sa maison. Il se retira aupres
du Grand-Vicaire de Tholose, lequel luy donna de
l'employ. Mais pendant que M. l'Archeuesque luy
rendoit de bons offices en l'Assemblée du Clergé, il
gastoit vn Conuent de Religieuses dans sa ville, &
dogmatisoit par tout son Diocese, où il a fait de
tres grands maux, &c.

*Je prie le Lecteur de remarquer, que ce Loup rauis-
sant, lors qu'il faisoit vn si horrible degast dans les Dio-
ceses de Paris, d'Amiens, de Bazas, & de Tholose, estoit
couuert d'vne peau de Brebis, qu'auec sa mine douce &
ses paroles emmiellées, il ne preschoit que charité, que re-
forme, que penitence, que sous vn visage d'hypocrite il
couuoit vne rage envenimée contre le Pape, les Euesques,
Docteurs & Religieux defenseurs de la verité orthodoxe,
bref, qu'il estoit vn parfait Iansenisle, ou comme quel-
qu'vn soustenoit, qu'il estoit le vray Patriarche du Iansenisme en France, & que pour ce suiet le sieur Hillerin
cy-deuant second Curé de S. Mery auoit fort balancé de
luy resigner sa Cure, & en frustrer le sieur du Hamel: &
cependant ce mal-heureux apres mille vilainies, partage*

ordinaire des hypocrites, s'eſt rendu Huguenot à Montauban, & proteſte qu'il n'a pas changé la croyance du
Janſeniſme en profeſſant le Caluiniſme, mais que ſeu-
lement il a cõmencé de faire profeſſion publique de quelques poincts moins importans à la Religion, qui ſeront
ayſément receus par ſes bons amis les Ianſeniſtes.

Monſeigneur luy a fait ſon procez, qui contient
huict mains de grand papier, & donné ſa ſentence,
que ie ne vous puis enuoyer, d'autant qu'il les a en-
uoyé à Meſſieurs de l'Aſſemblée, & pour ce ſuiet ne
veut pas qu'il en ſoit donné des copies.

Ce miſerable ſe voyant ſententié, ſe refugia chez
vn Seigneur Huguenot de ce Dioceſe, où il ne fut
que ſix iours, que Monſeigneur l'ayant ſçeu, enuoya
auſſi-toſt en donner aduis à la Reyne pour le prédre
dans la maiſon de ce Seigneur, d'où il eſtoit party à
my-nuict pour aller à Montauban, où Monſeigneur
le pourſuiuit, & où il a fait profeſſion de la Religion
pretéduë reformée. Voilà l'abregé de l'Hiſtoire, &c.

Eloges de Labadie par les Ianſeniſtes.

MEſſieurs du Port-Royal, & tous leurs aſſociez
ne ſçauroient nier leur vnion & confederatiõ
de doctrine & d'intereſts auec Labadie, ſans démen-
tir le ſieur Antoine Arnault & ſes néveux, qui luy
ont donné, & au ſieur Dabillon, les ſuiuans Eloges
au chapitre dernier de la ſeconde Apologie pour
Ianſenius Eueſque d'Ypres.

En la page 418. il les appellent des Eccleſiaſtiques
d'vne vertu exemplaire, qui ont trauaillé dans le mini-
ſtere de la parole de Dieu. Page 419. Perſonnes de re-

46 *putation, de suffisance, de pieté, tres-innocentes, &c.*

Page 422. Le crime de ces Messieurs est la pureté de leur vie, le desinteressement de leur conduite, & les dons de grace que Dieu leur a departis dans la dispensation de sa parole, & l'instruction des peuples, soit dans les sermons, soit dans les Catechismes, qui leurs ont acquis beaucoup de reputation, & leurs ont attiré en mesme temps l'enuie & la ialousie.

Ces pauures Apologistes, Aduocats d'vne mauaise cause, les qualifient en suitte, *des gens d'vne vertu exeplaire, des pieux Ecclesiastiques, des bons Prestres,* quoy qu'ils fissent voir euidément à tout le monde, qu'il y a quelquefois en France des Prestres qui ne sont pas Catholiques. Puis en la page 424. *Qu'ils ont presché dans la pluspart des Parroisses & des Monasteres d'Amiens auec vn applaudissement & vne edification merueilleuse.* Page 421. *Qu'ils n'ont point presché que c'est badinerie de dire le chapelet, que nous n'auons autre liberté que les bien-heureux & dammez, que chacun doit lire la Bible, &c.* quoy qu'il leur donne le dementy tout net, faisant, tant dans sa Declaratiõ, que dans sa Lettre, le denombrement des erreuts de Caluin, qu'il a preschez dans Amiens, & donnant le gain de cause aux Capucins, aux Iesuistes, & autres bons Catholiques qui s'opposerent genereusement aux Adorateurs de ce miserable Apostat, & le firent en fin chasser de la ville & de toute la Prouince de Picardie par ordre du Conseil du Roy.

Attendite à FALSIS PROPHETIS, *qui veniunt ad vos in vestimentis omium, intrinsecus autem sunt* LVPI *rapaces.*

FIN.